The North Wind: Short Stories in Danish for Beginners

Artici Bilingual Books

Published by Artici Bilingual Books, 2024.

While every precaution has been taken in the preparation of this book, the publisher assumes no responsibility for errors or omissions, or for damages resulting from the use of the information contained herein.

THE NORTH WIND: SHORT STORIES IN DANISH FOR BEGINNERS

First edition. May 13, 2024.

Copyright © 2024 Artici Bilingual Books.

ISBN: 979-8224938148

Written by Artici Bilingual Books.

Table of Contents

Ekkoer af Midnatssolen 1

Echoes of the Midnight Sun 3

Frøken Matildas Mysterium med Marmelade 5

Miss Matilda's Marmalade Mystery 7

Signe 9

Signe 11

Morten og hr. Magi 13

Morten and Mr Magic 15

Den Nordiske Forbindelse 17

The Nordic Nexus 21

Københavns Smeltedigel 25

The Crucible of Copenhagen 27

Skygger af Nordlyset 29

Shadows of the Northern Lights 31

Pelles Perfekte Picnic 33

Pelle's Perfect Picnic 35

Lars 37

Lars 39

En Fortælling om Hverdagens Undere 41

A Tale of Everyday Wonders 45

Lars og den Magiske Cykel 49

Lars and the Magic Bicycle 51

Den Nordlige Vind 53

The North Wind 55

Mortimer 57

Mortimer 59

Ekkoer af Midnatssolen

I hjertet af København, hvor de gamle spir på kirkerne kyssede himlen, og kanalerne hviskede hemmeligheder fra århundreder forbi, levede en mand ved navn Erik. Han var en drømmer, en søger efter sandheder skjult i livets tæppe. Eriks dage blev brugt på at vandre de brostensbelagte gader, hans sind drevet af tanker og betragtninger.

En nat, da midnatssolen badede byen i et ethereal skær, fandt Erik sig selv tiltrukket af Nyhavn Kanalens bredder. Der, under de gamle havnehus' vågne øjne, stødte han på en mystisk skikkelse indhyllet i skygger.

"Hvem er du?" spurgte Erik, hans stemme næsten en hvisken i nattens stilhed.

Skikkelsen trådte frem og afslørede sig selv som en kvinde af slående skønhed med øjne, der funklede som stjernerne ovenfor. "Jeg er Freja," sagde hun, hendes stemme som musik i den kølige natluft. "Jeg er kommet for at vise dig vejen til de skjulte sandheder, der ligger bag virkelighedens slør."

Intrigeret af hendes ord fulgte Erik Freja, da hun førte ham gennem Københavns labyrintiske gader, hvert skridt bragte dem tættere på byens mysterier. Undervejs stødte de på andre, der delte deres tørst efter viden - digtere og filosoffer, kunstnere og visionærer - alle sammen søger at låse op for universets hemmeligheder.

Mens de rejste dybere ind i natten, følte Erik en følelse af eufori strømme gennem sine årer, en følelse af befrielse ulig noget, han nogensinde havde kendt. Det var, som om verden omkring ham var bleget til insignifikans, og kun pulseringen af hans eget hjerteslag og den gådefulde tilstedeværelse af Freja ved hans side blev tilbage.

Endelig nåede de en skjult gårdhave, gemt dybt inde i byens hjerte, hvor ekkoerne af århundreder forbi hviskede i den kølige nattebrise. Der, under midnatssolens skær, afslørede Freja de gamle hemmeligheder, der var blevet overleveret gennem generationer, sandheder, der hele tiden havde været skjult i åbenlys.

I det øjeblik af åbenbaring følte Erik en dyb følelse af klarhed skylle over ham, som om puslespillens brikker endelig var faldet på plads. Han forstod nu, at svarene, han havde søgt, ikke skulle findes i bøger eller forelæsninger, men i dybderne af sin egen sjæl.

Med en nyfundet følelse af formål brændende i sit bryst, omfavnede Erik Freja, taknemmelig for den visdom, hun havde givet ham. Da den første daggry begyndte at kigge over horisonten, sagde de farvel til byen, der havde været deres hjem, vidende at deres rejse var langt fra slut.

Og så, mens ekkoerne af midnatssolen bleget ind i hukommelsen, begav Erik og Freja sig ud på et nyt eventyr, deres hjerter brændende af løftet om opdagelse og de uendelige muligheder, der lå foran dem. For i den magiske by København, hvor fortid og nutid forvævedes i en dans af tidløshed, var alt muligt for dem, der turde drømme.

Echoes of the Midnight Sun

In the heart of Copenhagen, where the ancient spires of churches kissed the sky and the canals whispered secrets of centuries past, there lived a man named Erik. He was a dreamer, a seeker of truths hidden in the tapestry of life. Erik's days were spent wandering the cobblestone streets, his mind adrift in a sea of thoughts and musings.

One night, as the midnight sun bathed the city in an ethereal glow, Erik found himself drawn to the banks of the Nyhavn Canal. There, beneath the watchful gaze of the old harbor houses, he encountered a mysterious figure cloaked in shadows.

"Who are you?" Erik asked, his voice barely a whisper in the stillness of the night.

The figure stepped forward, revealing herself to be a woman of striking beauty with eyes that sparkled like the stars above. "I am Freja," she said, her voice like music in the cool night air. "I have come to show you the way to the hidden truths that lie beyond the veil of reality."

Intrigued by her words, Erik followed Freja as she led him through the labyrinthine streets of Copenhagen, each step bringing them closer to the heart of the city's mysteries. Along the way, they encountered others who shared their thirst for knowledge – poets and philosophers, artists and visionaries – all seeking to unlock the secrets of the universe.

As they journeyed deeper into the night, Erik felt a sense of exhilaration coursing through his veins, a feeling of liberation unlike anything he had ever known. It was as if the world around him had faded into insignificance, leaving only the pulsing rhythm of his own heartbeat and the enigmatic presence of Freja by his side.

Finally, they arrived at a hidden courtyard nestled within the heart of the city, where the echoes of centuries past whispered in the cool night breeze. There, beneath the glow of the midnight sun, Freja revealed the ancient secrets that had been passed down through generations, truths that had been hidden in plain sight all along.

In that moment of revelation, Erik felt a profound sense of clarity wash over him, as if the pieces of a puzzle had finally fallen into place. He understood now that the answers he had been seeking were not to be found in books or lectures, but in the depths of his own soul.

With a newfound sense of purpose burning in his chest, Erik embraced Freja, grateful for the wisdom she had bestowed upon him. As the first light of dawn began to peek over the horizon, they bid farewell to the city that had been their home, knowing that their journey was far from over.

And so, as the echoes of the midnight sun faded into memory, Erik and Freja set out on a new adventure, their hearts ablaze with the promise of discovery and the infinite possibilities that lay ahead. For in the magical city of Copenhagen, where the past and present intertwined in a dance of timelessness, anything was possible for those who dared to dream.

Frøken Matildas Mysterium med Marmelade

I den søvnige by Højbjerg, hvor de rullende bakker strakte sig så langt øjet kunne se, og duften af friskbagt brød fyldte luften, boede der en særpræget gammel dame ved navn Frøken Matilda. Med sit pjuskede grå hår og sin forkærlighed for farverige tørklæder var hun en fast del af lokalsamfundet, kendt for sine særheder og sin kærlighed til alt, hvad der var sødt.

Men under Frøken Matildas excentriske ydre lå en hemmelig passion - konserveringens kunst. Hendes køkken var en skattekiste af krukker fyldt med syltetøj, gelé og marmelade i enhver tænkelig smag, hver enkelt fremstillet med omhu og præcision.

En solrig eftermiddag, mens bierne summende dovne i haven, og duften af roser svævede gennem det åbne vindue, blev Frøken Matilda pludselig grebet af en brusende inspiration. Med et glimt i øjet gik hun i gang med sin seneste skabelse - en portion marmelade infunderet med sommersolens essens og børns latter under leg.

Men lille vidste Frøken Matilda, at der var mere i hendes marmelade end hvad øjet mødte. For skjult inden dens klæbrige sødme lå en hemmelig ingrediens - et krydderi af magi, der var blevet overleveret gennem generationer af hendes familie.

Mens dagene gik, og Højbjergs indbyggere gik om deres daglige liv, kunne de ikke lade være med at bemærke en forandring i luften. Det var som om en følelse af narrestreger havde lagt sig over byen, kastet et trylleformular af kaos og forvirring, hvor end den gik.

I begyndelsen var hændelserne små - en forlagt nøgle her, et glemt navn der - men snart begyndte de at eskalere, og efterlod byens folk forundrede og forvirrede.

Fast besluttet på at komme til bunds i mysteriet, besluttede en ung pige ved navn Lise at besøge Frøken Matilda. Med sit ildrøde hår og sit fregnebesatte næse var hun kendt i hele Højbjerg for sin skarpe intelligens og sit talent for at løse gåder.

"Frøken Matilda, ved du noget om de mærkelige hændelser i byen?" spurgte Lise, hendes øjne snævert i mistanke.

Men Frøken Matilda grinede blot og tilbød Lise et glas af sin berømte marmelade. "Prøv lidt, kære," sagde hun med et blink. "Jeg lover, det vil søde din dag."

Intrigeret af Frøken Matildas kryptiske ord, accepterede Lise glasset og begav sig hjemad. Men da hun dyppede sin ske ned i den gyldne marmelade, følte hun en prikkende fornemmelse løbe ned ad sin rygrad, som om hun var stødt på en hemmelighed for vidunderlig til at fatte.

Med en nyfunden beslutsomhed begav Lise sig ud for at afsløre sandheden bag Frøken Matildas marmelade-mysterium. Bevæbnet med sin skarpsindighed og et glas af den magiske blanding begav hun sig ud på en rejse, der skulle tage hende til Højbjergs fjerneste hjørner og derudover.

På vejen stødte Lise på en farverig skare af karakterer - fra en drillesyg kat, der talte i gåder, til en vis gammel ugle, der holdt øje med byen fra sin plads i den gamle eg. Hver enkelt tilbød ledetråde og råd, der førte hende tættere på mysteriets kerne.

Endelig, efter dages søgen, ankom Lise til Frøken Matildas dørtrin, hendes hjerte bankede af spænding. Med en stålfast beslutsomhed konfronterede hun den gamle dame, krævede svar på de spørgsmål, der havde svirret rundt i hendes sind.

Og mens Frøken Matilda afslørede sandheden bag sit marmelade-mysterium - fra dets magiske oprindelse til dets utilsigtede konsekvenser - følte Lise en følelse af undren vaske over hende. For i den maleriske by Højbjerg, hvor det almindelige og det ekstraordinære dansede i en skrøbelig balance, var alt muligt for dem, der turde drømme.

Miss Matilda's Marmalade Mystery

In the sleepy town of Højbjerg, where the rolling hills stretched as far as the eye could see and the scent of freshly baked bread filled the air, there lived a peculiar old woman named Miss Matilda. With her frizzy gray hair and her penchant for brightly colored scarves, she was a fixture of the community, known for her eccentricities and her love of all things sweet.

But beneath Miss Matilda's whimsical exterior lay a secret passion – the art of preserving. Her kitchen was a treasure trove of jars filled with jams, jellies, and marmalades of every flavor imaginable, each one crafted with care and precision.

One sunny afternoon, as the bees buzzed lazily in the garden and the scent of roses wafted through the open window, Miss Matilda found herself seized by a sudden burst of inspiration. With a twinkle in her eye, she set to work on her latest creation – a batch of marmalade infused with the essence of summer sunshine and the laughter of children at play.

But little did Miss Matilda know, there was more to her marmalade than met the eye. For hidden within its sticky sweetness lay a secret ingredient – a pinch of magic that had been passed down through generations of her family.

As the days passed and the townsfolk of Højbjerg went about their daily lives, they couldn't help but notice a change in the air. It was as if a sense of mischief had settled over the town, casting a spell of chaos and confusion wherever it went.

At first, the incidents were small – a misplaced key here, a forgotten name there – but soon they began to escalate, leaving the townsfolk scratching their heads in bewilderment.

Determined to get to the bottom of the mystery, a young girl named Lise decided to pay Miss Matilda a visit. With her fiery red hair and her freckled nose, she was known throughout Højbjerg for her keen wit and her knack for solving puzzles.

"Miss Matilda, do you know anything about the strange happenings in town?" Lise asked, her eyes narrowed in suspicion.

But Miss Matilda simply chuckled and offered Lise a jar of her famous marmalade. "Try some, dear," she said with a wink. "I promise it will sweeten your day."

Intrigued by Miss Matilda's cryptic words, Lise accepted the jar and set off for home. But as she dipped her spoon into the golden marmalade, she felt a tingling sensation run down her spine, as if she had stumbled upon a secret too marvelous to comprehend.

With a newfound sense of determination, Lise set out to uncover the truth behind Miss Matilda's marmalade mischief. Armed with her wits and a jar of the magical concoction, she embarked on a journey that would take her to the farthest corners of Højbjerg and beyond.

Along the way, Lise encountered a cast of colorful characters – from a mischievous cat who spoke in riddles to a wise old owl who watched over the town from his perch in the ancient oak tree. Each one offered clues and advice, leading her ever closer to the heart of the mystery.

Finally, after days of searching, Lise arrived at Miss Matilda's doorstep, her heart pounding with excitement. With a steely resolve, she confronted the old woman, demanding answers to the questions that had been swirling in her mind.

And as Miss Matilda revealed the truth behind her marmalade mischief – from its magical origins to its unintended consequences – Lise felt a sense of wonder wash over her. For in the quaint town of Højbjerg, where the ordinary and the extraordinary danced in a delicate balance, anything was possible for those who dared to dream.

Signe

I den gamle by Aarhus, hvor brostenene på gaderne genlød med hvisken fra svundne æraer, og duften af salt hang tungt i luften, boede en ung kvinde ved navn Signe. Hun var et væsen af modsætninger, hendes ånd lige så vild og udomineret som havet, der brød mod den robuste kystlinje, men hendes hjerte bar på en stille længsel efter livets flygtige mysterier.

Signe tilbragte sine dage med at vandre rundt i Aarhus' labyrintiske gyder, hendes sanser levende for den subtile symfoni af syn og lyde omkring hende. Hun fandt trøst i byens skjulte hjørner, hvor tiden syntes at stå stille, og verden blev reduceret til en skygge af flygtige øjeblikke.

Men under Aarhus' gamle facade lå en mørke, der truede med at opsluge Signes skrøbelige verden. Det var en mørke, der var født af hemmeligheder og løgne, af skygger, der lurede i dybet af glemslens minder.

En skæbnesvanger aften, mens solen sank under horisonten, og himlen blussede op i orange og karmoisinrøde farver, fandt Signe sig selv draget mod havnekanten. Der, under fyrtårnets vågne blik, stødte hun på en fremmed, hvis øjne bar det samme hjemsøgte udtryk som hendes egne.

Hans navn var Henrik, og han var en mand af mysterier, hans fortid indhyllet i hvisken og halve sandheder. Men mens Signe lyttede til hans historie - om tabt kærlighed og kampe kæmpet, om drømme knust mod virkelighedens klippekyster - følte hun et slægtskab med ham, der oversteg blot ord.

Sammen begav Signe og Henrik sig ud på en rejse gennem Aarhus' hjerte, deres fodtrin genlydende i nattens stilhed, mens de dykkede ned i byens skjulte dybder. På vejen stødte de på en række karakterer - fra en tilbagetrukket kunstner, der malede de fortabte sjæles portræt, til en vandrende skælm, der sang om kærlighed og tab i lige mål.

Men det var den gådefulde skikkelse kendt kun som Mindernes Vogter, der havde nøglen til at låse de hemmeligheder op, der lå begravet under Aarhus' gamle gader. Med hans vejledning stykkede Signe og Henrik fragmenterne af deres fælles historie sammen, vævende et tæppe af øjeblikke, der strakte sig gennem tid og rum.

Mens de dykkede dybere ned i fortidens mysterier, blev Signe og Henrik konfronteret af spøgelserne fra deres egen frembringelse - fortrydelserne, der lå og hvilede i skyggerne af deres hjerter, drømmene, der var glippet mellem deres fingre som sandkorn.

Men med hver åbenbaring kom en følelse af befrielse, som om verden var blevet løftet af deres skuldre. For i livets flygtige øjeblikke opdagede de magten til at omskrive deres egne skæbner, til at smede en fremtid, der bar løftet om forløsning og fornyelse.

Og som den første dags lys brød frem over horisonten, der badede Aarhus i en gylden glød, stod Signe og Henrik sammen ved havnekanten, deres hjerter flammer med erkendelsen af, at de endelig havde fundet det, de havde søgt efter hele tiden - øjebliks echo, for evigt indgraveret i deres sjæles stof.

Signe

In the ancient city of Aarhus, where the cobblestone streets echoed with the whispers of bygone eras and the scent of salt hung heavy in the air, there lived a young woman named Signe. She was a creature of contradictions, her spirit as wild and untamed as the sea that crashed against the rugged coastline, yet her heart harbored a quiet longing for the elusive mysteries of life.

Signe spent her days wandering the labyrinthine alleys of Aarhus, her senses alive to the subtle symphony of sights and sounds that surrounded her. She found solace in the hidden corners of the city, where time seemed to stand still and the world was reduced to a blur of fleeting moments.

But beneath the surface of Aarhus' ancient facade lay a darkness that threatened to engulf Signe's fragile world. It was a darkness born of secrets and lies, of shadows that lurked in the depths of forgotten memories.

One fateful evening, as the sun dipped below the horizon and the sky blazed with hues of orange and crimson, Signe found herself drawn to the edge of the harbor. There, beneath the watchful gaze of the lighthouse, she encountered a stranger whose eyes held the same haunted look as her own.

His name was Henrik, and he was a man of mystery, his past shrouded in whispers and half-truths. But as Signe listened to his story – of love lost and battles fought, of dreams dashed against the rocky shores of reality – she felt a kinship with him that transcended mere words.

Together, Signe and Henrik embarked on a journey through the heart of Aarhus, their footsteps echoing in the silence of the night as they delved into the city's hidden depths. Along the way, they encountered a cast of characters – from a reclusive artist who painted the souls of the lost to a wandering minstrel who sang of love and loss in equal measure.

But it was the enigmatic figure known only as the Keeper of Memories who held the key to unlocking the secrets that lay buried beneath Aarhus' ancient streets. With his guidance, Signe and Henrik pieced together the fragments of their shared history, weaving a tapestry of moments that stretched across time and space.

As they delved deeper into the mysteries of the past, Signe and Henrik found themselves confronted by the ghosts of their own making – the regrets that lingered in the shadows of their hearts, the dreams that had slipped through their fingers like grains of sand.

But with each revelation came a sense of liberation, as if the weight of the world had been lifted from their shoulders. For in the ephemeral moments of life, they discovered the power to rewrite their own destinies, to forge a future that held the promise of redemption and renewal.

And as the first light of dawn broke over the horizon, bathing Aarhus in a golden glow, Signe and Henrik stood together at the edge of the harbor, their hearts ablaze with the knowledge that they had finally found what they had been searching for all along.

Morten og hr. Magi

I en malerisk by i Jylland, hvor gaderne var foret med candy-farvede huse, og duften af nybagte wienerbrød fyldte luften, boede en ung dreng ved navn Morten. Med sit vilde krøllede hår og sine store briller, der balancerede usikkert på næsen, var Morten en nysgerrig sjæl, altid ivrig efter at udforske verden omkring sig.

Men på trods af hans bedste anstrengelser fandt Morten sig ofte i alle mulige problemer. Uanset om det var ved et uheld at frigive byens prisvindende duer eller få sin fod fanget i byens fontæne, synes han altid at have en evne til at finde ballade, uanset hvor han gik.

En solrig eftermiddag, mens Morten vandrede gennem den travle markedspalds, rumlede hans mave af sult. Det havde været en travl dag med eventyr, og han havde brug for en snack til at drive hans eskapader.

Da han fik øje på en farverig boder prydet med et udvalg af mundvandsindbydende muffins, kunne Morten ikke modstå fristelsen til at forkæle sig selv. Med et glimt i øjet og et drillende smil greb han den største, mest lækker udseende muffin, han kunne finde.

Men lille vidste Morten, at der var mere ved disse muffins end mødte øjet. Skjult inden for deres smuldrende dybder lå en hemmelig ingrediens - en krydsning af magi, der var drysset af byens troldmand, Hr. Magi.

Da Morten tog en bid af muffinen, følte han en underlig fornemmelse skylle over sig, som om han var blevet transporteret til en verden af undren og glæde. Pludselig syntes verden omkring ham at glimte og funkle, som om han så det gennem et kalejdoskop af farver og former.

Med en følelse af spænding boblende i sit bryst, begav Morten sig ud på et hvirvelvindseventyr gennem gaderne, hans sanser levende for den magi, der omgav ham. Overalt hvor han kiggede, var der vidundere at skue - fra talende træer til dansende dyr, fra flyvende koste til syngende statuer.

Men mens Morten festede i glæderne ved sin nyfundne verden, kunne han ikke ryste følelsen af, at noget var galt. Det var som om en skygge var faldet over byen, kastet en dæmper over dens en gang livlige gader.

Fast besluttet på at afsløre årsagen til byens mismod, rekrutterede Morten hjælp fra sin pålidelige medhjælper, en drillende mus ved navn Rasmus. Sammen begav de sig ud på en quest for at afvikle mysteriet om de magiske muffins og genoprette glæden til byen en gang for alle.

Deres efterforskning førte dem til Hr. Magis skjulte rede, den excentriske troldmand, der uforvarende havde løsladt kaos på byen med sine fortryllede kreationer. Med sin spidse hat og sin svirrende kappe så Hr. Magi hver en bit ud som en mester af magi - men under hans flamboyante ydre lå et hjerte fyldt med anger og fortrydelse.

Da Morten konfronterede Hr. Magi, tryglede han ham om at ophæve den fortryllelse, der havde forårsaget så meget kaos i byen. Med et tungt hjerte gik troldmanden ind, og sammen gik de i gang med at vende effekterne af de magiske muffins.

Mens solen sank under horisonten, og stjernerne blinkede på nattehimlen, arbejdede Morten og Hr. Magi uafbrudt for at genoprette orden i byen, ophæve kaos, der havde truet med at rive byen fra hinanden. Og mens de så den sidste af magien fade bort, vidste de, at fred endelig var blevet genoprettet til deres elskede hjem.

Fra den dag Morten svor han at bruge sin nysgerrige natur til det gode, kanalisere sin drillende ånd ind i eventyr, der bragte glæde og latter til alle, der kendte ham. Og mens han vandrede gennem de farverige gader, fyldte hans hjerte med taknemmelighed for venskabets magi og forløsningens kraft.

Morten and Mr Magic

In a quaint town in Jutland, where the streets were lined with candy-colored houses and the smell of freshly baked pastries filled the air, there lived a young boy named Morten. With his wild mop of curly hair and his oversized glasses perched precariously on his nose, Morten was a curious soul, always eager to explore the world around him.

But despite his best efforts, Morten often found himself getting into all sorts of trouble. Whether it was accidentally releasing the town's prize-winning pigeons or getting his foot stuck in the town fountain, he seemed to have a knack for finding mischief wherever he went.

One sunny afternoon, as Morten wandered through the bustling market square, his stomach rumbled with hunger. It had been a busy day of adventures, and he was in need of a snack to fuel his escapades.

Spotting a colorful stall adorned with an array of mouthwatering muffins, Morten couldn't resist the temptation to indulge. With a twinkle in his eye and a mischievous grin, he reached out and grabbed the biggest, most delicious-looking muffin he could find.

But little did Morten know, there was more to these muffins than met the eye. For hidden within their crumbly depths lay a secret ingredient – a pinch of magic that had been sprinkled by the town's resident wizard, Mr. Magic.

As Morten took a bite of the muffin, he felt a strange sensation wash over him, as if he had been transported to a world of wonder and delight. Suddenly, the world around him seemed to shimmer and sparkle, as if he were seeing it through a kaleidoscope of colors and shapes.

With a sense of excitement bubbling in his chest, Morten set off on a whirlwind adventure through the streets, his senses alive to the magic that surrounded him. Everywhere he looked, there were wonders to behold – from talking trees to dancing animals, from flying broomsticks to singing statues.

But as Morten reveled in the delights of his newfound world, he couldn't shake the feeling that something was amiss. It was as if a shadow had fallen over the town, casting a pall of gloom over its once vibrant streets. Determined to uncover the source of the town's malaise, Morten enlisted the help of his trusty sidekick, a mischievous mouse named Rasmus. Together, they embarked on a quest to unravel the mystery of the magical muffins and restore joy to the town once more.

Their investigation led them to the hidden lair of Mr. Magic, the eccentric wizard who had unwittingly unleashed chaos upon the town with his enchanted creations. With his pointed hat and his swirling cape, Mr. Magic looked every bit the part of a master of magic – but beneath his flamboyant exterior lay a heart filled with regret and remorse.

As Morten confronted Mr. Magic, he pleaded with him to undo the spell that had caused so much havoc in the town. With a heavy heart, the wizard agreed, and together they set about reversing the effects of the magical muffins.

As the sun dipped below the horizon and the stars twinkled in the night sky, Morten and Mr. Magic worked tirelessly to restore order to the town, undoing the chaos that had threatened to tear the town apart. And as they watched the last of the magic fade away, they knew that peace had finally been restored to their beloved home.

From that day forward, Morten vowed to use his curious nature for good, channeling his mischievous spirit into adventures that brought joy and laughter to all who knew him. And as he wandered through the colorful streets, his heart filled with gratitude for the magic of friendship and the power of redemption.

Den Nordiske Forbindelse

De kolde vinde fra den danske vinter fejede gennem gaderne i København, hvirvlende snefnug op i luften som spøgelser fra fortiden. Midt i den travle by, hvor spirerne fra gamle kirker skar himlen og lyden af bilhorn ekkoede mellem århundredgamle bygninger, bevægede en skyggefuld skikkelse sig med formål gennem menneskemængden.

Hans navn var Erik Jensen, en erfaren operatør for Danmarks Efterretningstjeneste (PET), kendt for sin urokkelige dedikation og stålsatte beslutsomhed. Med sine skarpe øjne skjult bag mørke solbriller og hans bevægelser udregnet med militær præcision, blandede han sig ubesværet ind i det urbane landskab, hans sande identitet kendt kun af dem, som han delte sin tilknytning med.

På denne særlige aften fandt Erik sig selv på sporet af en berygtet cyberkriminel kendt kun som "BlackIce", hvis ondsindede aktiviteter havde kastet den danske regering ud i kaos og usikkerhed. Med hver dag, der gik, strammede BlackIces greb om nationen, hans digitale tentakler nåede ind i hvert hjørne af det danske samfund som en virus, der spredte sig gennem blodbanen.

Fast besluttet på at sætte en stopper for BlackIces terrorregime, begav Erik sig ud på en mission med høj indsats for at afsløre den cyberkriminelle sande identitet og nedbryde hans omfattende netværk af hackere og lejesoldater. Men da han dykkede dybere ned i den mudrede verden af cyberespionage, indså han snart, at truslen fra BlackIce var langt større, end han nogensinde havde forestillet sig.

Med uret tikken og Danmarks skæbne på spil, kæmpede Erik mod tiden for at samle det nødvendige bevis for at bringe BlackIce for retten. Fra baggaderne i København til de skjulte hjørner af Dark Web, fulgte han en sti af brødkrummer, der ledte ham tættere på sit undvigende mål.

Men mens Erik nærmede sig BlackIces opholdssted, fandt han sig fanget i et net af bedrag og forræderi, der truede med at afsløre alt, hvad han havde arbejdet så hårdt for at opnå. For BlackIce arbejdede ikke alene - han havde allierede på høje steder, personer med deres egne dagsordener og hemmeligheder at beskytte.

Mens Erik navigerede gennem spionage og bedragets farvande, fandt han en uventet allieret i form af Anna Larsen, en brillant hacker med en trøblet fortid og en score at gøre op med BlackIce. Med hendes ekspertise inden for cybersikkerhed og hendes urokkelige beslutsomhed viste Anna sig at være en uvurderlig ressource for Eriks mission, hendes færdigheder supplerede hans egne på måder, han aldrig havde forestillet sig.

Sammen begav Erik og Anna sig ud på en farlig rejse gennem den danske samfunds mørke undergrund, deres hver bevægelse overvåget af usete øjne, og deres hver kommunikation afbrudt af BlackIces netværk af spioner og informanter. Men på trods af farene, der lurede om hvert hjørne, nægtede de at trække sig tilbage, drevet af en fælles følelse af pligt og et brændende ønske om at beskytte deres hjemland mod dem, der søgte at skade det.

Da den endelige konfrontation med BlackIce nærmede sig, stod Erik og Anna over for et umuligt valg - at risikere alt, hvad de havde arbejdet for i jagten på retfærdighed, eller at trække sig tilbage i skyggerne og lade mørket sejre. Men med Danmarks skæbne på spil vidste de, at der ikke kunne være nogen vej tilbage.

I et dristigt raid på BlackIces hemmelige skjulested konfronterede Erik og Anna cyberkriminellen ansigt til ansigt, deres våben trukket og deres hjerter fyldt med beslutsomhed. I en hvirvel af skud og eksplosioner kæmpede de med næb og klør for at bringe BlackIce for retten, deres hver bevægelse udsendt til verden i realtid, mens Danmarks skæbne hang i en tynd tråd.

Og som støvet lagde sig og røgen klarede, stod Erik og Anna sejrrige, deres mission fuldført, og deres hjemland sikkert igen. For i spionagens og intrigerens verden, hvor linjen mellem ven og fjende blev sløret som tiden sandskifter, var det modet og beslutsomheden hos individer som Erik og Anna, der sikrede nationers overlevelse og retfærdighedens triumf over tyranni.

The Nordic Nexus

The cold winds of the Danish winter swept through the streets of Copenhagen, whipping up flurries of snow that danced in the air like ghosts of the past. Amidst the bustling city, where the spires of ancient churches pierced the sky and the sound of car horns echoed off centuries-old buildings, a shadowy figure moved with purpose through the throng of people.

His name was Erik Jensen, a seasoned operative for the Danish Intelligence Service (PET), known for his unwavering dedication and steely resolve. With his sharp eyes hidden behind dark sunglasses and his movements calculated with military precision, he blended seamlessly into the urban landscape, his true identity known only to those with whom he shared his allegiance.

On this particular evening, Erik found himself on the trail of a notorious cybercriminal known only as "BlackIce," whose nefarious activities had plunged the Danish government into a state of chaos and uncertainty. With each passing day, BlackIce's grip on the nation tightened, his digital tendrils reaching into every corner of Danish society like a virus spreading through the bloodstream.

Determined to put an end to BlackIce's reign of terror, Erik embarked on a high-stakes mission to uncover the cybercriminal's true identity and dismantle his vast network of hackers and mercenaries. But as he delved deeper into the murky world of cyber espionage, he soon realized that the threat posed by BlackIce was far greater than he had ever imagined.

With the clock ticking and the fate of Denmark hanging in the balance, Erik raced against time to gather the evidence needed to bring BlackIce to justice. From the back alleys of Copenhagen to the hidden corners of the Dark Web, he followed a trail of breadcrumbs that led him ever closer to his elusive target.

But as Erik closed in on BlackIce's whereabouts, he found himself ensnared in a web of deceit and betrayal that threatened to unravel everything he had worked so hard to achieve. For BlackIce was not working alone – he had allies in high places, individuals with their own agendas and their own secrets to protect.

As Erik navigated the treacherous waters of espionage and deception, he found an unexpected ally in the form of Anna Larsen, a brilliant hacker with a troubled past and a score to settle with BlackIce. With her expertise in cybersecurity and her unwavering determination, Anna proved to be an invaluable asset to Erik's mission, her skills complementing his own in ways he had never imagined.

Together, Erik and Anna embarked on a perilous journey through the underbelly of Danish society, their every move watched by unseen eyes and their every communication intercepted by BlackIce's network of spies and informants. But despite the dangers that lurked around every corner, they refused to back down, driven by a shared sense of duty and a burning desire to protect their homeland from those who sought to do it harm.

As the final showdown with BlackIce drew near, Erik and Anna found themselves faced with an impossible choice – to risk everything they had worked for in pursuit of justice, or to retreat into the shadows and allow darkness to prevail. But with the fate of Denmark hanging in the balance, they knew that there could be no turning back.

In a daring raid on BlackIce's secret hideout, Erik and Anna confronted the cybercriminal face to face, their weapons drawn and their hearts filled with determination. In a flurry of gunfire and explosions, they fought tooth and nail to bring BlackIce to justice, their every move broadcast to the world in real-time as the fate of Denmark hung in the balance.

And as the dust settled and the smoke cleared, Erik and Anna emerged victorious, their mission accomplished and their homeland safe once more. For in the world of espionage and intrigue, where the line between friend and foe blurred like the shifting sands of time, it was the courage and determination of individuals like Erik and Anna that ensured the survival of nations and the triumph of justice over tyranny.

Københavns Smeltedigel

I hjertet af København, hvor de smalle gader rungede af hovslag og krydderiernes duft hang tungt i luften, levede et samfund bundet sammen af tro, tradition og en dybtliggende frygt for det ukendte.

I centrum af dette samfund stod Hans Jensen, en respekteret købmand, hvis rigdom og indflydelse havde tjent ham naboernes tillid og beundring. Med sit strenge væsen og sin urokkelige forpligtelse til at opretholde sine forfædres værdier blev Hans set som en styrkepille i en verden fyldt med usikkerhed.

Men under facaden af respektabilitet lå et net af hemmeligheder og løgne, der truede med at rive Københavns samfund fra hinanden. For i skyggerne af Hans' overdådige palæ lurede en mørke, der havde ulmet i årevis, en mørke, der truede med at fortære alt på sin vej.

Det hele begyndte med en hvisken – et rygte om heksekunst, der spredte sig som en steppebrand gennem Københavns gader, og antændte en frenesi af paranoia og mistro, der rev familier fra hinanden og knuste liv i dens kølvand.

Midt i hysteriet stod Kristine Larsen, en ung kvinde, hvis skønhed og charme havde erobret de ugifte bymænds hjerter. Men under hendes beskedne ydre lå en troløs ånd, der nægtede at blive tæmmet, en ånd, der havde tjent hende fjendskab fra dem, der søgte at kontrollere hende.

Beskyldt for at udøve mørk magi, fandt Kristine sig selv udstødt af det samfund, hun havde kaldt sit hjem, stemplet som en heks og dømt til at møde byens vrede.

Fast besluttet på at bevise sin uskyld, vendte Kristine sig til Lars Pedersen, en ung advokat, hvis urokkelige tro på retfærdighed og sandhed havde tjent ham et ry som en forkæmper for de undertrykte. Med sin skarpe intelligens og sin urokkelige beslutsomhed satte Lars sig for at afvikle det tanglede net af løgne, der havde fængslet Kristine.

Men mens Lars dykkede dybere ned i sammensværgelsen, fandt han sig selv konfronteret af kræfter langt stærkere, end han kunne have forestillet sig. Fra korrupte embedsmænd til hævngerrige rivaler syntes alle at have en interesse i Kristines skæbne, hver mere bestemt end den sidste til at se hende bragt til retfærdighed.

Med hver dag der gik, voksede spændingen i København, mens kløften mellem anklagerne og de anklagede blev større, og voldens spøgelse kom tættere og tættere. Og da retssagen nærmede sig, vidste Lars, at han ville skulle risikere alt – sit omdømme, sit levebrød, endda sit liv – for at afsløre sandheden og redde Kristine fra en skæbne værre end døden.

I en dramatisk retssalssammenstød, der greb byens opmærksomhed, præsenterede Lars sin sag for juryen, afslørede løgnene og bedragene, der havde ført til hysteriet omkring Kristines retssag. Med hvert ord, han talte, flækkede Lars facaden af respektabilitet, der havde beskyttet Hans Jensen fra undersøgelse så længe, og afslørede mørket, der lurede under overfladen af Københavns samfund.

Og som sandheden blev afsløret, blev Københavns befolkning tvunget til at konfrontere de dæmoner, der havde hjemsøgt dem så længe, for at regne med synderne fra deres fortid og frygtens arv, der havde forgiftet deres hjerter.

I sidste ende blev Kristine frikendt for alle anklager, hendes uskyld udråbt til verden, og hendes navn renset for heksekunstens plet. Men retssagens ar blev tilbage, en påmindelse om sandhedens skrøbelighed og frygtens magt til at fordreje virkeligheden.

Da Lars så Kristine gå fri fra retsalen, hendes hoved holdt højt, og hendes ånd ubrudt, vidste han, at deres kamp var langtfra forbi. For i Københavns smeltedigel, hvor uretfærdighedens flammer brændte lystigt, og fortidens skygger kastede lange skygger over nutiden, ville kampen for sandhed og frihed fortsætte i generationer.

The Crucible of Copenhagen

In the heart of Copenhagen, where the narrow streets echoed with the clatter of hooves and the scent of spices hung heavy in the air, there lived a community bound together by faith, tradition, and a deep-seated fear of the unknown.

At the center of this community stood Hans Jensen, a respected merchant whose wealth and influence had earned him the trust and admiration of his neighbors. With his stern demeanor and his unwavering commitment to upholding the values of his forefathers, Hans was seen as a pillar of strength in a world fraught with uncertainty. But beneath the facade of respectability lay a web of secrets and lies that threatened to tear the fabric of Copenhagen society apart. For in the shadows of Hans' opulent mansion lurked a darkness that had been festering for years, a darkness that threatened to consume everything in its path.

It all began with a whisper – a rumor of witchcraft that spread like wildfire through the streets of Copenhagen, igniting a frenzy of paranoia and suspicion that tore families apart and shattered lives in its wake.

At the center of the hysteria stood Kristine Larsen, a young woman whose beauty and charm had captured the hearts of the town's eligible bachelors. But beneath her demure exterior lay a spirit of defiance that refused to be tamed, a spirit that had earned her the enmity of those who sought to control her.

Accused of practicing dark magic, Kristine found herself cast out from the community she had called home, branded a witch and condemned to face the wrath of the townspeople.

Determined to prove her innocence, Kristine turned to Lars Pedersen, a young lawyer whose unwavering belief in justice and truth had earned him a reputation as a champion of the downtrodden. With his keen intellect and his unshakable resolve, Lars set out to unravel the tangled web of lies that had ensnared Kristine in its grasp.

But as Lars delved deeper into the heart of the conspiracy, he found himself confronted by forces far more powerful than he could have imagined. From corrupt officials to vengeful rivals, everyone seemed to have a stake in Kristine's fate, each one more determined than the last to see her brought to justice.

With each passing day, the tension in Copenhagen grew thicker, as the divide between the accusers and the accused widened and the specter of violence loomed ever closer. And as the trial drew near, Lars knew that he would have to risk everything – his reputation, his livelihood, even his life – to uncover the truth and save Kristine from a fate worse than death. In a dramatic courtroom showdown that gripped the city's attention, Lars presented his case to the jury, laying bare the lies and deceit that had fueled the hysteria surrounding Kristine's trial. With each word he spoke, Lars chipped away at the facade of respectability that had shielded Hans Jensen from scrutiny for so long, exposing the darkness that lurked beneath the surface of Copenhagen society.

And as the truth was revealed, the townspeople of Copenhagen were forced to confront the demons that had haunted them for so long, to reckon with the sins of their past and the legacy of fear that had poisoned their hearts.

In the end, Kristine was acquitted of all charges, her innocence proclaimed to the world and her name cleared of the stain of witchcraft. But the scars of the trial remained, a reminder of the fragility of truth and the power of fear to distort reality.

As Lars watched Kristine walk free from the courtroom, her head held high and her spirit unbroken, he knew that their struggle was far from over. For in the crucible of Copenhagen, where the fires of injustice burned bright and the shadows of the past cast long shadows over the present, the fight for truth and freedom would continue for generations to come.

Skygger af Nordlyset

I den overdådige by København, hvor den gammeldags charme fra brostensbelagte gader mødte glitter og glamour fra den moderne tidsalder, levede en mand ved navn Alexander van der Berg. Med sine skræddersyede jakkesæt og sit glattet tilbagehårede hår var Alexander en mand af rigdom og privilegium, hans navn hvisket i de højeste kredse af dansk samfund.

Men under facaden af respektabilitet lå en verden af hemmeligheder og skandaler, der truede med at afsløre Alexanders omhyggeligt konstruerede image. For i de røgfyldte spillehuler og svagt oplyste jazzklubber, der prydede byens landskab, dyrkede Alexander et liv fyldt med overflod og ekstravagance, hans enhver luner tilfredsstillet af en legion af smigrere og tilhængere.

Det var på en sådan klub, den Blå Måne, at Alexander først fik øje på kvinden, der ville ændre hans liv for evigt. Hendes navn var Isabella, et syn af skønhed og ynde med øjne, der funklede som Nordlyset, og et smil, der kunne oplyse de mørkeste nætter.

Fra det øjeblik deres øjne mødtes på tværs af den overfyldte sal, var Alexander grebet af Isabellas mystiske tiltrækning, draget af hende som en møl til en flamme. Og mens de dansede under klubens flakkende lys, deres kroppe bevægede sig i perfekt harmoni til tonerne af et jazzband, vidste han, at han havde fundet det ene, der havde manglet i hans liv - ægte kærlighed.

Men som Alexander snart opdagede, kom kærligheden med en pris - en pris, han ikke var forberedt på at betale. For Isabella var ikke som de andre kvinder, han havde kendt, med deres polerede manerer og deres sølvskeer. Hun var en kvinde fra gaden, et væsen af natten, der levede efter sine egne regler og svarede til ingen.

Fast besluttet på at vinde Isabellas hjerte, overøste Alexander hende med gaver og løfter om et liv i luksus ud over hendes vildeste drømme. Men uanset hvor hårdt han prøvede, kunne han aldrig helt slippe følelsen af, at hun glippede ud af hans fingre som sandkorn, hendes hjerte en låst dør, han aldrig kunne håbe på at åbne.

Som deres tumultariske forhold udviklede sig, fandt Alexander sig selv trukket dybere ind i Isabellas verden - en verden af fare og bedrag, af lyssky aftaler og hviskede hemmeligheder. Og som han kæmpede for at holde trit med hendes hektiske liv, begyndte han at sætte spørgsmålstegn ved alt, hvad han nogensinde havde vidst om kærlighed og lykke.

Men lige som Alexander var ved at miste alt, hvad han holdt kært, intervenerede skæbnen på den mest uventede måde. For i en skæbnesvanger vending, der ville ændre deres liv for evigt, afslørede Isabella en hemmelighed, som hun havde holdt skjult for ham hele tiden - en hemmelighed, der ville knuse illusionerne om deres romance og tvinge Alexander til at konfrontere virkelighedens hårde realiteter.

I et øjeblik af klarhed indså Alexander, at sand lykke ikke kunne købes eller sælges, at det kun kunne findes i dybderne af hans egen sjæl. Og mens han så Isabella forsvinde ind i natten, hendes silhuet, der forsvandt ind i mørket som en sky af røg, vidste han, at han endelig havde fundet modet til at lade hende gå og sætte sig selv fri.

Da solen stod op over København, kastede lange skygger over byens gader, trådte Alexander van der Berg frem fra skyggerne som en forandret mand. Med en nyfunden følelse af formål og en beslutsomhed om at leve livet på sine egne betingelser, begav han sig ud for at genopbygge sin knuste verden og finde den lykke, der altid havde undveget ham.

Og mens han gik gennem Københavns gader, hans hjerte let og hans ånd ubesværet, vidste han, at uanset hvad fremtiden bragte, ville han altid skatte minderne om Nordlyset - en påmindelse om kærlighedens flygtige skønhed.

Shadows of the Northern Lights

In the opulent city of Copenhagen, where the old-world charm of cobblestone streets met the glitz and glamour of the modern age, there lived a man named Alexander van der Berg. With his tailored suits and his slicked-back hair, Alexander was a man of wealth and privilege, his name whispered in the highest echelons of Danish society.

But beneath the facade of respectability lay a world of secrets and scandals that threatened to unravel Alexander's carefully constructed image. For in the smoke-filled speakeasies and dimly lit jazz clubs that dotted the city's landscape, Alexander indulged in a life of excess and extravagance, his every whim catered to by a legion of sycophants and hangers-on.

It was at one such club, the Blue Moon, that Alexander first laid eyes on the woman who would change his life forever. Her name was Isabella, a vision of beauty and grace with eyes that sparkled like the Northern Lights and a smile that could light up the darkest of nights.

From the moment their eyes met across the crowded room, Alexander was captivated by Isabella's mysterious allure, drawn to her like a moth to a flame. And as they danced beneath the flickering lights of the club, their bodies moving in perfect harmony to the strains of a jazz band, he knew that he had found the one thing that had been missing from his life – true love.

But as Alexander soon discovered, love came with a price – a price he was not prepared to pay. For Isabella was not like the other women he had known, with their polished manners and their silver spoons. She was a woman of the streets, a creature of the night who lived by her own rules and answered to no one.

Determined to win Isabella's heart, Alexander showered her with gifts and promises of a life of luxury beyond her wildest dreams. But no matter how hard he tried, he could never quite shake the feeling that she was slipping through his fingers like grains of sand, her heart a locked door that he could never hope to open.

As their tumultuous relationship unfolded, Alexander found himself drawn deeper into Isabella's world – a world of danger and deceit, of shady deals and whispered secrets. And as he struggled to keep up with the dizzying pace of her life, he began to question everything he had ever known about love and happiness.

But just as Alexander was on the brink of losing everything he held dear, fate intervened in the most unexpected of ways. For in a twist of fate that would change their lives forever, Isabella revealed a secret that she had been keeping hidden from him all along – a secret that would shatter the illusions of their romance and force Alexander to confront the harsh realities of the world he had chosen to inhabit.

In a moment of clarity, Alexander realized that true happiness could not be bought or sold, that it could only be found within the depths of his own soul. And as he watched Isabella disappear into the night, her silhouette fading into the darkness like a wisp of smoke, he knew that he had finally found the courage to let her go and set himself free.

As the sun rose over Copenhagen, casting long shadows across the city streets, Alexander van der Berg emerged from the shadows a changed man. With a newfound sense of purpose and a determination to live life on his own terms, he set out to rebuild his shattered world and find the happiness that had always eluded him.

And as he walked through the streets of Copenhagen, his heart light and his spirit unburdened, he knew that no matter what the future held, he would always cherish the memories of the Northern Lights – a reminder of the fleeting beauty of love.

Pelles Perfekte Picnic

I en malerisk landsby, der ligger gemt mellem de bølgende bakker i Danmark, boede der en munter dreng ved navn Pelle. Pelle havde et hjerte så varmt som sommersolen og et smil, der kunne oplyse selv de mest overskyede dage. Han elskede ikke noget mere end at tilbringe tid udendørs, udforske engene og skovene, der omgav hans hjem.

En lys morgen, da Pelle begav sig ud på sit sædvanlige eventyr, fandt han en smuk plet ved bredden af en skinnende sø. Græsset var blødt og grønt, og vilde blomster dansede i den blide brise. Pelle vidste straks, at dette ville være det perfekte sted til en picnic.

Begejstret skyndte Pelle sig hjem for at samle forsyninger til sin picnic. Han pakkede en kurv fuld af lækre godbidder – friskbagt brød, modne jordbær og skiver af cremet ost. Han tog også et hyggeligt tæppe med til at sidde på og en bog med eventyr at læse.

Med kurven i hånden hoppede Pelle tilbage til søbredden og bredte sit tæppe ud i skyggen af en høj egetræ. Han arrangerede maden omhyggeligt på tæppet, sørgede for at alt så perfekt ud. Pelle kunne næsten ikke vente med at nyde sin picnic på et så smukt sted.

Men lige som Pelle var ved at tage sit første bid af brødet, hørte han en raslen i buskene i nærheden. Nysgerrig kiggede han gennem bladene og så en familie af ænder gå hen imod ham. Andemor kvidrede højt og kælede for sine ællinger, der kiggede op på Pelle med store, lyse øjne.

Pelle smilede og vinkede til ænderne. "Hej der!" råbte han muntert.

Ænderne kom nærmere, deres næb dirrende af spænding. Pelle indså, at de måtte være sultne, og besluttede at dele sin picnic med dem. Han rev små stykker brød af og dryssede dem på jorden, mens han så ænderne fortære dem ivrigt.

Mens Pelle fodrede ænderne, kunne han ikke lade være med at føle en følelse af glæde. Der var noget magisk ved at dele sin picnic med disse fjerklædte venner. Han lo, mens ællingerne jagede efter løse krummer og plaskede i det lave vand i søen.

Inden længe begyndte solen at gå ned, hvilket kastede en varm gylden glød over engen. Pelle vidste, at det var tid til at tage hjem, men han kunne ikke lade være med at føle sig lidt ked af at forlade sine nyfundne venner bagved. Han lovede sig selv, at han ville vende tilbage snart og bringe endnu flere godbidder til ænderne at nyde.

Med et glad hjerte og et tilfreds smil pakkede Pelle sin picnic-kurv sammen og sagde farvel til søbredden. Mens han gik hjem, blinkede stjernerne oppe på himlen, og en blid brise hviskede gennem træerne. Pelle vidste, at han altid ville skatte mindet om sin perfekte picnic ved søen, delt med venner, både gamle og nye.

Pelle's Perfect Picnic

In a quaint village nestled amidst the rolling hills of Denmark, there lived a cheerful boy named Pelle. Pelle had a heart as warm as the summer sun and a smile that could brighten even the cloudiest of days. He loved nothing more than spending time outdoors, exploring the meadows and forests that surrounded his home.

One bright morning, as Pelle set out on his usual adventure, he stumbled upon a beautiful spot by the edge of a shimmering lake. The grass was soft and green, and wildflowers danced in the gentle breeze. Pelle knew at once that this would be the perfect place for a picnic.

Excitedly, Pelle hurried back home to gather supplies for his picnic. He packed a basket full of delicious treats – freshly baked bread, ripe strawberries, and slices of creamy cheese. He also brought along a cozy blanket to sit on and a book of fairy tales to read.

With his basket in hand, Pelle skipped back to the lakeside and spread out his blanket under the shade of a tall oak tree. He arranged the food carefully on the blanket, making sure everything looked just right. Pelle couldn't wait to enjoy his picnic in such a beautiful setting.

But just as Pelle was about to take his first bite of bread, he heard a rustling in the bushes nearby. Curious, he peered through the leaves and saw a family of ducks waddling towards him. The mother duck quacked loudly and nuzzled her ducklings, who looked up at Pelle with big, bright eyes.

Pelle smiled and waved at the ducks. "Hello there!" he called cheerfully. The ducks waddled closer, their beaks twitching with excitement. Pelle realized they must be hungry and decided to share his picnic with them. He tore off small pieces of bread and scattered them on the ground, watching as the ducks gobbled them up eagerly.

As Pelle fed the ducks, he couldn't help but feel a sense of joy. There was something magical about sharing his picnic with these feathered friends. He laughed as the ducklings chased after stray crumbs and splashed in the shallow water of the lake.

Before long, the sun began to set, casting a warm golden glow over the meadow. Pelle knew it was time to head home, but he couldn't help feeling a little sad to leave his newfound friends behind. He promised himself that he would return soon, bringing even more treats for the ducks to enjoy.

With a happy heart and a contented smile, Pelle packed up his picnic basket and bid farewell to the lakeside. As he walked home, the stars twinkled overhead, and a gentle breeze whispered through the trees. Pelle knew that he would always treasure the memory of his perfect picnic by the lake, shared with friends, both old and new.

Lars

I den søvnige landsby Himmelbjerg, hvor vinden hviskede hemmeligheder, og fjordene strakte sig som fingre, der rakte mod himlen, boede en ung kvinde ved navn Astrid. Astrid var en skabning af havet, hendes hår farven på solkysset sand og hendes øjne farven på stormfulde vande.

Fra det øjeblik hun blev født, blev Astrid draget mod havet, dets sirenesang kaldte til hende som en elskers omfavnelse. Hun tilbragte sine dage med at søge strande for skatte skyllet i land af tidevandet, hendes fingre sporede mønstre i sandet, mens bølgerne dansede ved hendes fødder.

Men Astrids hjerte tilhørte ikke havet, men en ung fisker ved navn Lars. Lars var en stille sjæl, hans hænder vejret fra års erfaring til søs, og hans øjne lyste af ungdommens ild. Fra det øjeblik han første gang så Astrid, vidste han, at hun var den, han havde ledt efter - et fyrtårn af lys i en verden, der var opslugt af mørke.

Deres kærlighed blomstrede som de vilde blomster, der plettet klipperne med udsigt over landsbyen, skrøbelig men modstandsdygtig over for modgang. Men deres lykke var kortvarig, for i dybet af Nordsøen var der ved at blive en storm - en uvejr af sådan voldsomhed, at den truede med at rive deres verden fra hinanden.

Da de første hvisk af nordenvind nåede Himmelbjergs kyster, vidste Astrid og Lars, at deres tid sammen var ved at løbe ud. Med tunge hjerter lavede de planer om at flygte fra landsbyen, at søge tilflugt i et fjernt land, hvor vinde ikke hylede, og havene ikke rasede.

Men skæbnen havde andre planer, for på aftenen for deres afrejse ramte tragedien. Lars var fortabt til havs, hans fiskebåd slugt hel af bølgernes hvirvel. Astrid blev efterladt alene, hendes hjerte knust i tusind stykker af skæbnens hårde hånd.

I dagene der fulgte vandrede Astrid langs Himmelbjergs kyster som et spøgelse, hendes skridt genlyd mod klipperne, mens hun søgte efter noget, der mindede om trøst. Men selvom hun forsøgte, kunne hun ikke undslippe minderne om Lars - følelsen af hans hånd i hendes, lyden af hans latter i vinden.

Det var da Astrid traf en beslutning - en beslutning født af desperation og fortvivlelse. Med intet tilbage at miste ville hun konfrontere den nordlige vind selv, for at bede om Lars's sikre tilbagevenden eller for at slutte sig til ham i havets iskolde dybder.

Og således, med et tungt hjerte og en bøn på sine læber, satte Astrid ud i stormens hjerte, hendes hår svingede om hendes ansigt som en vild ting, mens vinden hylede sin vrede. Hun stumblede og faldt, hendes hænder blødte af de skarpe sten, der linede klipperne, men alligevel pressede hun på, drevet af en kærlighed, der trodsede fornuft og logik.

Da hun nåede klippekanten, lukkede Astrid øjnene og råbte ud i mørket, hendes stemme en hviskende bøn båret på vindens vinger. Og så, i stilheden der fulgte, hørte hun det - det svageste ekko af en stemme, kendt men fjernt, der kaldte til hende fra dybden nedenfor.

Med et glædesråb sprang Astrid ud i det ukendte, hendes krop faldt gennem Nordsøens iskolde vand, mens den nordlige vind bar hende væk på sin iskolde ånde. Og da hun sank ned i dybderne nedenfor, følte hun et par stærke arme vikle sig om hende, trække hende tæt ind i en elskers omfavnelse.

I det øjeblik vidste Astrid, at hun havde fundet, hvad hun havde ledt efter - en kærlighed, der overskred tid og rum, et bånd, der aldrig kunne brydes af skæbnens hårde hånd. Og mens hun lukkede øjnene og overgav sig til havets omfavnelse, hviskede hun et enkelt ord ind i mørket - et ord, der bar vægten af tusind løfter givet og holdt.

"Lars."

In the sleepy village of Himmelbjerg, where the winds whispered secrets and the fjords stretched out like fingers reaching for the sky, there lived a young woman named Astrid. Astrid was a creature of the sea, her hair the color of sun-kissed sand and her eyes the hue of stormy waters.

From the moment she was born, Astrid had been drawn to the ocean, its siren song calling to her like a lover's embrace. She spent her days combing the beaches for treasures washed ashore by the tide, her fingers tracing patterns in the sand as the waves danced at her feet.

But Astrid's heart belonged not to the sea, but to a young fisherman named Lars. Lars was a quiet soul, his hands weathered from years spent at sea and his eyes alight with the fire of youth. From the moment he first laid eyes on Astrid, he knew that she was the one he had been searching for—a beacon of light in a world consumed by darkness.

Their love blossomed like the wildflowers that dotted the cliffs overlooking the village, fragile yet resilient in the face of adversity. But their happiness was short-lived, for in the depths of the North Sea, a storm was brewing—a tempest of such ferocity that it threatened to tear their world apart.

As the first whispers of the north wind reached the shores of Himmelbjerg, Astrid and Lars knew that their time together was running out. With heavy hearts, they made plans to flee the village, to seek refuge in a distant land where the winds did not howl and the seas did not rage.

But fate had other plans, for on the eve of their departure, tragedy struck. Lars was lost at sea, his fishing boat swallowed whole by the roiling waves. Astrid was left alone, her heart shattered into a thousand pieces by the cruel hand of fate.

In the days that followed, Astrid wandered the shores of Himmelbjerg like a ghost, her footsteps echoing against the cliffs as she searched for some semblance of solace. But try as she might, she could not escape the memories of Lars—the feel of his hand in hers, the sound of his laughter on the wind.

It was then that Astrid made a decision—a decision born of desperation and despair. With nothing left to lose, she would confront the north wind itself, to plead for Lars's safe return or to join him in the icy depths of the sea.

And so, with a heavy heart and a prayer on her lips, Astrid set off into the heart of the storm, her hair whipping around her face like a wild thing as the wind howled its fury. She stumbled and fell, her hands bloodied by the sharp rocks that lined the cliffs, but still she pressed on, driven by a love that defied reason and logic.

As she reached the edge of the cliffs, Astrid closed her eyes and called out into the darkness, her voice a whispered plea carried on the wings of the wind. And then, in the stillness that followed, she heard it—the faintest echo of a voice, familiar yet distant, calling out to her from the depths below.

With a cry of joy, Astrid leapt into the unknown, her body plummeting through the icy waters of the North Sea as the north wind carried her away on its icy breath. And as she sank into the depths below, she felt a pair of strong arms wrap around her, pulling her close in a lover's embrace.

In that moment, Astrid knew that she had found what she had been searching for—a love that transcended time and space, a bond that could never be broken by the cruel hand of fate. And as she closed her eyes and surrendered to the embrace of the sea, she whispered a single word into the darkness—a word that carried with it the weight of a thousand promises made and kept.

"Lars."

En Fortælling om Hverdagens Undere

I hjertet af København, hvor spirerne af gamle kirker gennembryder himlen, og brostensbelagte gader summer af livets rytme, eksisterede en verden af stille undere. Det var et sted, hvor tiden bevægede sig langsomt, hvor de simple glæder ved hverdagens tilværelse blev fejret med stille ærbødighed.

Midt i dette fredelige bagtæppe boede Emma Andersen, en kvinde af mild nåde og stille styrke. Hun beboede en hyggelig lejlighed med udsigt over de travle gader nedenfor, hendes dage fyldt med blidt fodtrin og den fjerne melodi af kirkeklokker.

Emmas liv var et tæppe vævet af tråde af almindelige øjeblikke – øjeblikke, der bar på magien ved hverdagen. Hun fandt glæde i de simple fornøjelser: en dampende kop te på en regnfuld eftermiddag, duften af friskbagte wienerbrød, der sivede fra den lokale bager, varmen fra en velkendt bog, der hvilede i hendes hænder.

Men midt i de velkendte fornøjelser i hendes daglige rutine bar Emma på en længsel – en længsel efter forbindelse, selskab, en slags åndsfælle, som hun kunne dele de stille øjeblikke med, der fyldte hendes dage.

En skarp efterårs morgen, mens bladene dansede i vinden, og byen vågnede til en ny dag, intervenerede skæbnen på de mest uventede måder. Det begyndte med et bank på Emmas dør – et blødt, forsigtigt rap, der vækkede hende fra hendes tanker.

Da hun åbnede døren, stod Emma over for en fremmed – en mand med mildt ansigt og øjne, der funklede af venlighed. Han præsenterede sig som Lars Jensen, en medbeboer i bygningen, og forklarede, at han for nylig var flyttet ind nedenunder.

Fra det øjeblik fik Emmas liv en ny nuance, malet med farverne fra venskab og kammeratskab. Lars blev en velkendt tilstedeværelse i hendes verden, hans lette latter og eftertænksomme gestus bragte lys til hendes dage.

Sammen udforskede de Københavns skjulte hjørner – de snoede gader i den gamle by, byens parkers rolige skønhed, de lokale markeds pulserende energi. De delte måltider på hyggelige caféer og dvælede over samtaler, der meanderede som kanalerne, der krydsede byen.

Mens årstiderne skiftede, og dagene blev kortere, fandt Emma og Lars trøst i hinandens selskab, deres venskab dybere for hver dag, der gik. De betroede sig til hinanden, delte deres håb og drømme, deres frygt og usikkerheder.

Men midt i varmen fra deres spirende venskab kunne Emma ikke ryste følelsen af længsel, der hvilede i hendes hjerte – en længsel efter noget mere, noget dybere, noget der transcenderede grænserne for venskab.

Det var på en skarp vinteraften, med snefnug, der faldt blidt fra himlen, og byen dækket af et tæppe af hvidt, at Emma fandt modet til at sige de ord, der havde vejet på hendes sjæl. Med Lars ved sin side udtalte hun sit hjerte, bekendte dybden af sine følelser med en sårbarhed, der tog hendes ånde væk.

Til hendes overraskelse og glæde mødte Lars hendes bekendelse med en varme og ømhed, der spejlede hendes egen. Han talte om sine egne følelser, sine egne håb og drømme, sin egen længsel efter en forbindelse, der gik ud over det almindelige.

Og i det øjeblik, under den stjernelyse himmel og Københavns stille skønhed, begyndte Emma og Lars et nyt kapitel i deres liv sammen – et kapitel fyldt med løftet om kærlighed og muligheder, fælles drømme og hviskede hemmeligheder.

Mens de gik hånd i hånd gennem de sneklædte gader, deres latter blandet med lyden af kirkeklokker, der ringede i det fjerne, vidste Emma, at hun havde fundet i Lars en åndsfælle, en sjæleven, hvis tilstedeværelse fyldte hendes liv med lys og glæde.

Og således, midt i hverdagens blide rytme, fandt Emma og Lars en kærlighed, der var lige så tidløs som byen selv – en kærlighed, der ville

bære dem gennem årstiderne, gennem årene, og gennem hverdagens stille
undere.

43

A Tale of Everyday Wonders

In the heart of Copenhagen, where the spires of ancient churches pierce the sky and the cobblestone streets hum with the rhythm of life, there existed a world of quiet wonders. It was a place where time moved leisurely, where the simple joys of everyday existence were celebrated with quiet reverence.

Amidst this tranquil backdrop lived Emma Andersen, a woman of gentle grace and quiet strength. She inhabited a cozy apartment overlooking the bustling streets below, her days filled with the soft cadence of footsteps and the distant melody of church bells.

Emma's life was a tapestry woven with threads of ordinary moments—moments that held within them the magic of the everyday. She found joy in the simple pleasures: a steaming cup of tea on a rainy afternoon, the scent of freshly baked pastries wafting from the local bakery, the warmth of a well-loved book nestled in her hands.

But amidst the familiar comforts of her daily routine, Emma harbored a longing—a longing for connection, for companionship, for a kindred spirit with whom to share the quiet moments that filled her days.

One crisp autumn morning, as the leaves danced in the breeze and the city awoke to the promise of a new day, fate intervened in the most unexpected of ways. It began with a knock on Emma's door—a soft, tentative rap that stirred her from her reverie.

Opening the door, Emma found herself face to face with a stranger—a man of gentle countenance with eyes that sparkled with kindness. He introduced himself as Lars Jensen, a fellow resident of the building, and explained that he had recently moved in downstairs.

From that moment on, Emma's life took on a new hue, painted with the colors of friendship and camaraderie. Lars became a familiar presence in her world, his easy laughter and thoughtful gestures bringing lightness to her days.

Together, they explored the hidden corners of Copenhagen—the winding streets of the old town, the tranquil beauty of the city's parks, the vibrant energy of the local markets. They shared meals at quaint cafes and lingered over conversations that meandered like the canals that crisscrossed the city.

As the seasons turned and the days grew shorter, Emma and Lars found solace in each other's company, their friendship deepening with each passing day. They confided in one another, sharing their hopes and dreams, their fears and uncertainties.

But amidst the warmth of their budding friendship, Emma couldn't shake the feeling of longing that lingered in her heart—a longing for something more, something deeper, something that transcended the bounds of friendship.

It was on a crisp winter's evening, with snowflakes falling gently from the sky and the city blanketed in a mantle of white, that Emma found the courage to speak the words that had been weighing on her soul. With Lars by her side, she poured out her heart, confessing the depth of her feelings with a vulnerability that took her breath away.

To her surprise and delight, Lars met her confession with a warmth and tenderness that mirrored her own. He spoke of his own feelings, his own hopes and dreams, his own longing for a connection that went beyond the ordinary.

And in that moment, beneath the starlit sky and the quiet beauty of Copenhagen, Emma and Lars embarked on a new chapter of their lives together—a chapter filled with the promise of love and possibility, of shared dreams and whispered secrets.

As they walked hand in hand through the snowy streets, their laughter mingling with the sound of church bells ringing in the distance, Emma knew that she had found in Lars a kindred spirit, a soulmate whose presence filled her life with light and joy.

And so, amidst the gentle cadence of everyday life, Emma and Lars found a love that was as timeless as the city itself—a love that would carry them through the seasons, through the years, and through the quiet wonders of a life lived in harmony with the world around them.

Lars og den Magiske Cykel

Engang for længe siden, i en lille landsby i Danmark, boede der en dreng ved navn Lars. Lars var ikke som de andre børn. Han havde en vild fantasi og elskede at tage på eventyr. Men Lars havde ikke en cykel som de andre børn. Han ønskede sig en hver dag, håbende på, at hans ønske en dag ville gå i opfyldelse.

En solrig morgen, mens Lars gik gennem landsbyen, fandt han en gammel, støvet cykel lænet op ad et træ. Den var rusten og slidt, men Lars tænkte ikke over det. Han var henrykt! Han børstede støvet af og hoppede op på sædet. Til hans overraskelse begyndte cyklen at ryste og skinne med et mærkeligt lys, så snart han rørte ved styret.

"Wow!" udbrød Lars forbløffet.

Pludselig løftede cyklen sig fra jorden og bar Lars højt op i himlen. Han svævede over landsbyens tage, mens vinden susede gennem hans hår. Lars kunne ikke tro sit held! Han kørte på en magisk cykel!

Cyklen tog Lars med på et spændende eventyr rundt om i Danmark. De fløj over frodige grønne marker, glitrende floder og tætte skove. Lars følte, at han var i et eventyr.

Men lige da Lars nød sig selv, begyndte mørke skyer at samle sig på himlen. En storm var under opsejling, og Lars vidste, at de skulle finde ly hurtigt. Med et hurtigt drej af styret styrrede han cyklen mod en hyggelig lille hytte gemt i skoven.

Da de landede foran hytten, bemærkede Lars en gammel kvinde, der kiggede ud fra bag gardinerne. Hendes navn var Ingrid, og hun bød Lars velkommen med et varmt smil.

"Kom indenfor, kære," sagde Ingrid, "Du kan vente stormen ud her."

Lars takkede hende og fulgte hende ind i hytten. Indenfor knitrede den hyggelige ild i pejsen, og duften af friskbagte småkager fyldte luften. Lars følte sig helt hjemme.

Mens stormen rasede udenfor, sad Lars og Ingrid ved ilden og delte historier. Lars fortalte hende alt om sine eventyr på den magiske cykel, og Ingrid lyttede opmærksomt, nikkende og smilende.

Da stormen endelig passerede, vidste Lars, at det var tid til at tage hjem. Han takkede Ingrid for hendes gæstfrihed og lovede at besøge hende igen snart.

Med et vink farvel hoppede Lars tilbage på den magiske cykel og svævede op i himlen en gang mere. Mens han fløj over landsbyen, kunne Lars ikke lade være med at smile. Han havde måske ikke haft en fancy cykel som de andre børn, men han havde noget endnu bedre – en magisk cykel og en ny ven i Ingrid.

Og således, med vinden i ryggen og en følelse af eventyr i sit hjerte, fløj Lars afsted ud i det fjerne, klar til hvad end spændende der ventede forude.

Lars and the Magic Bicycle

Once upon a time, in a small village in Denmark, there lived a boy named Lars. Lars was not like other children. He had a wild imagination and loved to go on adventures. But Lars didn't have a bike like the other kids. He wished for one every day, hoping that someday his wish would come true.

One sunny morning, while Lars was walking through the village, he stumbled upon an old, dusty bicycle leaning against a tree. It was rusty and worn-out, but Lars didn't mind. He was thrilled! He brushed off the dust and hopped onto the seat. To his surprise, as soon as he touched the handlebars, the bicycle began to shake and shimmer with a strange light. "Wow!" Lars exclaimed in amazement.

Suddenly, the bicycle lifted off the ground, carrying Lars high into the sky. He soared over the rooftops of the village, feeling the wind rush through his hair. Lars couldn't believe his luck! He was riding a magic bicycle!

The bicycle took Lars on a thrilling journey across Denmark. They flew over lush green fields, sparkling rivers, and dense forests. Lars felt like he was in a fairy tale.

But just as Lars was enjoying himself, dark clouds began to gather in the sky. A storm was brewing, and Lars knew they had to find shelter quickly. With a swift turn of the handlebars, he steered the bicycle toward a cozy little cottage nestled in the woods.

As they landed in front of the cottage, Lars noticed an old woman peering out from behind the curtains. Her name was Ingrid, and she welcomed Lars with a warm smile.

"Come inside, dear," Ingrid said, "You can wait out the storm here."

Lars thanked her and followed her into the cottage. Inside, the cozy fire crackled in the fireplace, and the smell of freshly baked cookies filled the air. Lars felt right at home.

As the storm raged outside, Lars and Ingrid sat by the fire and shared stories. Lars told her all about his adventures on the magic bicycle, and Ingrid listened intently, nodding and smiling.

When the storm finally passed, Lars knew it was time to go home. He thanked Ingrid for her hospitality and promised to visit her again soon.

With a wave goodbye, Lars hopped back onto the magic bicycle and soared into the sky once more. As he flew over the village, Lars couldn't help but smile. He may not have had a fancy bike like the other kids, but he had something even better – a magic bicycle and a new friend in Ingrid.

And so, with the wind at his back and a sense of adventure in his heart, Lars flew off into the distance, ready for whatever excitement lay ahead.

Den Nordlige Vind

Engang for længe siden, i et land hvor himlen kyssede jorden, og havet hviskede hemmeligheder til vinden, boede der en mild brise ved navn Nordenvind. Nordenvind strejfede rundt i det danske landskab, der vandrede gennem marker af gyldent korn og dansede over tagene på hyggelige hytter.

En skarp efterårsdag følte Nordenvind en røre dybt indeni. Det var tid til en rejse, en rejse for at opdage Danmarks sande essens. Med et blidt suk begav Nordenvind sig afsted, raslende blade og forstyrrende hår, mens den passerede.

Nordenvind rejste langt og bredt, fra de travle gader i København til de stille skove i Jylland. Undervejs stødte det på mange vidundere – majestætiske slotte, der rejste sig som drømme fra jorden, farverige både, der dinglede på de funklende farvande i fjordene, og marker af lyse blomster, der svajede i vinden.

Men mens Nordenvind fortsatte sin rejse, begyndte den at fornemme noget, der manglede, noget flygtigt men essentielt. Den søgte højt og lavt, gennem travle byer og søvnige landsbyer, men alligevel kunne den ikke finde det, den søgte.

Så en dag, mens Nordenvind svævede over de barske klipper ved Nordsøen, følte den en blid trækken i sit hjerte. Nedenunder, gemt blandt de klipperne, lå en lille fiskerlandsby badet i det bløde morgenlys. Nysgerrig nedsatte Nordenvind sig og vandrede gennem de smalle gader og gyder, indtil den nåede hjertet af landsbyen. Der opdagede den en scene af stille skønhed – fiskere, der reparerede deres net, børn, der legede i sandet, og den saltede duft af havet blandet med tangen af friskbagt brød.

Mens Nordenvind blev hængende i landsbyen, følte den en følelse af fred vaske over den, en følelse af tilhørsforhold, som den havde søgt efter hele tiden. Her, midt i hverdagens enkle glæder, fandt Nordenvind Danmarks sande essens – ikke i storslåede paladser eller storslåede landskaber, men i varmen fra fællesskabet og havets rytme.

Med et tilfreds suk sagde Nordenvind farvel til landsbyen og genoptog sin rejse, nu fyldt med en nyfundet følelse af formål. Mens den svævede over det danske landskab en gang til, bar den med sig minderne om Nordsøens landsby, en påmindelse om, at nogle gange kan de største skatte findes på de mest uventede steder.

Og således, med vinden i ryggen og solen i ansigtet, fortsatte Nordenvind sin rejse, vævende gennem Danmarks tæppe, for evigt styret af havets blide hvisken.

The North Wind

Once upon a time, in a land where the sky kissed the earth and the sea whispered secrets to the wind, there lived a gentle breeze named North Wind. North Wind roamed the Danish countryside, weaving through fields of golden wheat and dancing over the rooftops of cozy cottages.

One crisp autumn day, North Wind felt a stirring deep within. It was time for a journey, a journey to discover the true essence of Denmark. With a gentle sigh, North Wind set off, rustling leaves and ruffling hair as it passed.

North Wind traveled far and wide, from the bustling streets of Copenhagen to the quiet forests of Jutland. Along the way, it encountered many wonders – majestic castles rising like dreams from the earth, colorful boats bobbing on the sparkling waters of the fjords, and fields of bright flowers swaying in the breeze.

But as North Wind journeyed on, it began to sense something missing, something elusive yet essential. It searched high and low, through bustling cities and sleepy villages, but still, it could not find what it sought.

Then, one day, as North Wind soared over the rugged cliffs of the North Sea, it felt a gentle tug on its heartstrings. Below, nestled amidst the rocky shores, lay a small fishing village bathed in the soft light of dawn.

Intrigued, North Wind descended, weaving through the narrow streets and alleys until it reached the heart of the village. There, it discovered a scene of quiet beauty – fishermen mending their nets, children playing in the sand, and the salty scent of the sea mingling with the tang of freshly baked bread.

As North Wind lingered in the village, it felt a sense of peace wash over it, a feeling of belonging that it had been searching for all along. Here, amidst the simple joys of everyday life, North Wind found the true essence of Denmark – not in grand palaces or sweeping landscapes, but in the warmth of community and the rhythm of the sea.

With a contented sigh, North Wind bid farewell to the village and resumed its journey, now filled with a newfound sense of purpose. As it soared over the Danish countryside once more, it carried with it the memories of the North Sea village, a reminder that sometimes, the greatest treasures can be found in the most unexpected places.

And so, with the wind at its back and the sun on its face, North Wind continued its journey, weaving through the tapestry of Denmark, forever guided by the gentle whispers of the sea.

Mortimer

Engang, dybt inde i det maleriske danske landskab, boede der en besynderlig kat ved navn Mortimer. Mortimer var ikke din almindelige kat; han besad en aura af mysterium og narrestreger, der adskilte ham fra resten af hans spindelskæggede artsfæller. Hans glinsende sorte pels strålede under den danske sol, og hans smaragdgrønne øjne gemte på hemmeligheder, som kun han kendte til.

Mortimer boede i en charmerende lille landsby kaldet Himmelbjerg, hvor brostensbelagte gader hviskede fortællinger om gammel folklore. Landsbyboerne, med deres farverige huse og venlige smil, elskede Mortimer, for han tilføjede en snert af spænding til deres ellers almindelige liv.

Nu var Mortimer ikke tilfreds med at slænge sig i solen eller jage mus som enhver anden kat. Nej, han havde større ambitioner – ambitioner der involverede at overliste menneskene og udforske verden uden for landsbyens grænser.

En kold efterårsaften, mens bladene dansede i vinden, og duften af bål hang i luften, begav Mortimer sig ud på sit seneste eventyr. Han havde fået nys om en legendarisk skat gemt dybt inde i skovene på Jylland, og intet kunne stoppe ham fra at gøre den til sin egen.

Med et svirp med sin hale og et luskede glimt i øjet begav Mortimer sig ud i det ukendte, hans poter sagte padlende mod skovbunden. Undervejs stødte han på alle mulige væsner – snedige ræve, kloge gamle ugler og endda en lumsk egern, der forsøgte at narre ham med løfter om imaginære rigdomme.

Men Mortimer var ikke en tosse. Med sin snedige intelligens og hurtige reflekser overliste han ethvert forhindring, der stod i hans vej. Han undgik fælder sat af snedige mennesker, afkodede kryptiske spor skjult i gamle runer og slog endda en handel af med en knurhårstroll, der vogtede indgangen til skattetrolden.

Mens Mortimer dykkede dybere ned i skovens hjerte, blev luften tyk af forventning. Endelig, efter dage med ubarmhjertig forfølgelse, snublede han over den berømte skat – en funklende skattekiste af guld og ædelstene, gemt under rødderne af en gammel egetræ.

Med et triumferende miau gjorde Mortimer krav på sin præmie, hans øjne glinsende af tilfredshed. Men mens han badede i glansen af sin nyfundne rigdom, rørte en følelse af ensomhed ved hans hjerte. For hvad godt var en skat uden nogen at dele den med?

Og så, med et tungt hjerte og en nyfundet følelse af formål, sagde Mortimer farvel til skoven og vendte tilbage til Himmelbjerg, hvor han delte sine rigdomme med landsbyboerne, der altid havde behandlet ham med venlighed og hengivenhed.

Fra den dag blev Mortimer hyldet som en helt – en legende, hvis bedrifter ville blive hvisket om ved ildsteder i generationer. Og selvom han måske kun var en ydmyg kat, havde Mortimer bevist, at selv de mindste skabninger kunne opnå storhed med en portion mod og en snert af magi.

Mortimer

Once upon a time, nestled in the picturesque countryside of Denmark, there lived a peculiar cat named Mortimer. Mortimer wasn't your ordinary feline; he possessed an air of mystery and mischief that set him apart from the rest of his whiskered brethren. His sleek black fur shimmered under the Danish sun, and his emerald-green eyes held secrets that only he knew.

Mortimer resided in a quaint little village called Himmelbjerg, where the cobblestone streets whispered tales of ancient folklore. The villagers, with their colorful houses and friendly smiles, adored Mortimer, for he brought an element of excitement to their otherwise mundane lives.

Now, Mortimer wasn't content with lounging in the sun or chasing mice like any regular cat. No, he had grander aspirations—ones that involved outsmarting the humans and exploring the world beyond the village borders.

One chilly autumn evening, as the leaves danced in the wind and the scent of bonfires lingered in the air, Mortimer embarked on his latest escapade. He had caught wind of a legendary treasure hidden deep within the forests of Jutland, and nothing could deter him from claiming it as his own.

With a flick of his tail and a mischievous glint in his eye, Mortimer set off into the unknown, his paws padding softly against the forest floor. Along the way, he encountered all manner of creatures—sly foxes, wise old owls, and even a mischievous squirrel who tried to trick him with promises of imaginary riches.

But Mortimer was no fool. With his cunning intellect and quick reflexes, he outwitted every obstacle that stood in his way. He dodged traps set by cunning humans, deciphered cryptic clues hidden within ancient runes, and even struck up a bargain with a cantankerous troll who guarded the entrance to the treasure trove.

As Mortimer delved deeper into the heart of the forest, the air grew thick with anticipation. Finally, after days of relentless pursuit, he stumbled upon the fabled treasure—a glittering hoard of gold and jewels, nestled beneath the roots of an ancient oak tree.

With a triumphant yowl, Mortimer claimed his prize, his eyes gleaming with satisfaction. But as he basked in the glow of his newfound wealth, a pang of loneliness tugged at his heart. For what good was treasure without someone to share it with?

And so, with a heavy heart and a newfound sense of purpose, Mortimer bid farewell to the forest and returned to Himmelbjerg, where he shared his riches with the villagers who had always treated him with kindness and affection.

From that day forth, Mortimer was hailed as a hero—a legend whose exploits would be whispered around hearthfires for generations to come. And though he may have been just a humble cat, Mortimer had proven that even the smallest of creatures could achieve greatness with a dash of courage and a sprinkle of magic.